AF232412

NOUVEAU PLAN

DE FINANCES,

BASÉ sur la Justice & sur l'absolue nécessité.

AUX amis de la patrie, aux membres du gouvernement, au corps législatif de la nation française.

C'EST l'abondance du signe représentatif du numéraire qui a produit jusqu'ici son avilissement ; cette vérité est démontrée, mais personne n'a trouvé encore des moyens prompts & certains pour rendre ce signe moins abondant.

Tout ce qu'on a proposé jusqu'ici est insuffisant, même l'emprunt forcé de 600 millions en numéraire, c'est-à-dire en assignats pris au centième de leur valeur nominale, l'emprunt de 60 millards ; je vais le prouver trop aisément.

La loi permet aux particuliers de se libérer en numéraire, ou en assignats à cent pour un : je suppose (ce qui souffre des difficultés) que l'emprunt se paie rigoureusement ; tant que, dans le cours ordinaire, le louis sera au-dessus de 2400 francs , chacun

A

s'empreſſera de porter aux caiſſes publiques des aſſignats; mais lorſque, par des paiemens multipliés, l'on ſera parvenu à retirer de la circulation aſſez d'aſſignats pour que le louis retombe ſeulement à 2390 francs, chacun trouvera plus d'avantage à payer l'emprunt en numéraire, & l'état ne retirera plus d'aſſignats ; ceci ſera plus ſenſible par un exemple :

Je ſuppoſe qu'un individu ſoit taxé en numéraire 1200 francs, le louis étant dans ce moment à 5000 francs, 1200 francs en numéraire valent en aſſignats 250,000 francs ; cependant l'impoſé, en payant ſes 1200 francs en aſſignats au centième de leur valeur nominale, ne ſera tenu de donner que 120,000 francs, & il ne manquera point de payer de cette manière, tant qu'au dehors 1200 francs en numéraire vaudront en aſſignats plus de 120,000 francs ; mais ſi le louis revient à 2000 francs, 1200 francs en numéraire ne vaudront en aſſignats que 100,000 francs ; l'impoſé ſe gardera bien alors de payer l'emprunt en aſſignats au centième, puiſqu'il ſerait toujours tenu de donner 120,000 francs ; il ſe libérera en numéraire. S'il n'a en main que des aſſignats, avec 100,000 francs il achetera 1200 francs en numéraire, & il gagnera ſur cela dix louis d'or ou 20,000 francs ; donc dès que le louis ſera un peu au-deſſous de 2400 francs, chacun payera en numéraire, & même après la perception de l'emprunt, les aſſignats étant encore en maſſe dans la circulation, leur aviliſſement ne ceſſera pas. Le numéraire qu'aura perçu l'état étant néceſſaire à ſes dépenfes , l'on ne peut guère efpérer qu'il puiffe l'employer au retirement des affignats qui feront reftés en émiffion, & des befoins nouveaux forceront la tréforerie à en augmenter le nombre comme auparavant.

Mais malgré ces inconvéniens il ne nous eft pas encore permis de calculer fur l'hypothèfe du paiement de l'emprunt, ni fur celle d'une baiffe quelconque dans le prix de l'argent. Au moment du décret, le louis tomba à 3000 francs, & depuis ce moment il eft revenu à . . .

Le décret d'emprunt de 600 millions manquera dans fon exécution; il pèfe fur le quart des contribuables, & ce nombre eft encore trop grand pour qu'il puiffe être contraint; la maffe corrompue de royaliftes, d'egoïftes & d'indifférents qui gangrène la république, va fe refufer avec audace à fa perception; cinq hommes dans chaque département feront fans force, les agens municipaux dans les communes feront fans bonne volonté, & la plupart d'entre eux, pris malheureufement dans la claffe des propriétaires ignorans, ne feconderont en aucune manière les efforts du gouvernement.

Cependant le danger preffe, le mal augmente, &, comme le dit le directoire exécutif dans fon meffage du 24 frimaire au confeil des cinq-cents, *nous touchons à notre dernier terme, fi quelque reffource inattendue ne fort, pour ainfi dire, avec la rapidité de l'éclair du génie de la liberté.*

L'emprunt ne fera pas perçu exactement, ou

plutôt , je le dis avec douleur , un fixième tout au plus en fera payé par des patriotes peu fortunés , qui s'empreſſeront d'apporter au fecours de la mère commune la foible portion de leurs biens qu'elle exige d'eux.

Ce fixième fera payé en aſſignats , & il produira 10 millards ; voilà donc une fomme confidérable retirée de la circulation, mais dans un mois 10 autres milliards feront émis par la tréforerie nationale.

Au point où nous en fommes dans ce moment, les aſſignats étant à un demi pour cent de leur valeur nominale, 10 milliards d'aſſignats ne valent en numéraire que 50 millons ; au milieu des dépenfes incroyables que nous foutenons, tourmentés depuis quatre années de la guerre la plus défaftreufe, peut-on penfer que 50 millions par mois, c'eft-à-dire par an 600 millions effectifs , ne nous foient abfolument néceſſaires ? Donc nous dépenfons par mois en aſſignats 10 millards ; donc un mois après le retirement du fixième de l'emprunt, ou même pendant ce retirement, une quantité d'aſſignats égale à la quantité retirée fera émife de nouveau, & le difcrédit général qu'aucune force humaine ne peut arrêter, nous plongera de plus en plus dans l'abyme (1).

____

(1) D'après une dernière lettre du miniftre des finances au directoire exécutif, 100 millions de dépenfe par jour en aſſignats fuffifent à peine au tiers des befoins ; dès-lors il nous faut au moins par jour 300 millions , ce qui fait par mois 9 milliards , ou en numéraire 45 millions.

(5)

Oui , j'en suis convaincu , & l'expérience ne prou-
ve déjà que trop ce que j'avance ; malgré les me-
sures que l'on a prises jusqu'à présent , l'assignat
ira toujours en décroissant. Cette catastrophe terrible , cette fatale dissolution annoncée dans le message du directoire exécutif , je la vois qui s'avance
à grands pas ; la planche aux assignats , que l'on
propose de brûler depuis quelques temps , ne fournira
plus bientôt en assez grand nombre un signe qui
devient sans valeur ; la trésorerie nationale sera sans
ressource ; le corps politique sera sans vie ; la puis-
sance nationale va se trouver paralysée au milieu
de ses victoires ; l'univers retombe dans le néant ; la
liberté du monde est perdue ; le vaisseau de l'état
se trouve pris au milieu des glaces , sa course ma-
jestueuse est arrêtée , & déjà les monstres du Nord
viennent en dévorer l'équipage.

N'est-il donc plus d'espoir pour nous , & n'au-
rons-nous vaincu tant d'ennemis que pour retomber
de nous-mêmes dans le plus honteux esclavage ? ..
Amour de la patrie ! sainte passion ! aliment sublime
des grandes ames ! viens à mon aide ; fais que mes
idées ne soient pas de vaines illusions , sauve la
république , & je verrai en paix s'avancer la fin
de mes jours.

PREMIER MOYEN.

L'expérience a presque prouvé qu'il n'était pas
en notre pouvoir de sauver du naufrage des assignats
que de trop grandes émissions ont rendu de nulle

(6)

valeur. Que devons-nous chercher alors ? le salut de
la patrie, indépendamment, s'il est possible, de la
chute des assignats; nous devons retenir la république sur le bord de l'abyme, alors que nous ne
pouvons en aucune manière empêcher les assignats
de s'y écrouler. Ce vaisseau vogue malgré nous au
gré des vents, employons nos efforts à diriger sa
course rapide, préservons-le des écueils, & malgré
les élémens contraires, sachons-le conduire au
port.

Nous n'avons pas en main, dit-on, assez de numéraire pour remplacer de suite le signe avili qui
s'en va; mais dès-lors que nos espérances & nos
ressources ne peuvent plus être fondées sur ce signe
embarrassant, prenons une marche nouvelle & har-
die, achevons de le précipiter vers le torrent qui
le réclame, & mettons à sa place un autre signe
représentatif, qui porte même un nom différent,
& qui, émis à une quantité peu considérable, nous
reporte, relativement à lui, au temps où nous n'a-
vions en circulation que 800 millions d'assignats. Ce
numéraire fictif, très-peu nombreux, aura dès-lors,
malgré le royalisme & la malveillance, une valeur
considérable, & tout être perfide qui le refusera
au cours, dans les marchés ou dans les transactions
quelconques, sera puni sévérement; je m'explique :

Article 1.er Création prompte d'un nouveau signe
représentatif, intitulé, si l'on veut, *Papier-monnaie*,
pour un milliard, en pièces de 5 francs jusqu'à 1000
francs.

2. Prompt envoi de ce nouveau signe dans les départemens, avec ordre de l'échanger dans un mois, contre les assignats en émission, à un pour cent ; passé ce délai, les assignats n'auront plus cours de monnaie, & tout individu qui en sera détenteur, sera tenu de les annuller. (1)

3. Les administrations de département seront chargées de surveiller la prompte exécution du change des assignats.

4. Les divers receveurs, à l'époque du change, examineront scrupuleusement les marques caractéristiques des faux assignats.

5. Tout vendeur qui sera convenu d'un prix en numéraire, ne pourra refuser le nouveau papier-monnaie au cours, sous peine d'une amende égale au quart de la valeur de l'objet vendu.

6. En cas d'équivoque sur le cours, la question sera sur-le-champ décidée par le juge de paix du lieu où le marché aura été conclu.

7. L'arrêté du directoire exécutif portant fermature de la bourse, sera maintenu.

En vain la calomnie voudra-t-elle tirer avantage de cette mesure, & crier faussement à la démonétisation, à la banqueroute ; il n'y aura point de démonétisation, il n'y aura pas de banqueroute toutes les fois que la petite quantité de papier-monnaie qui sera remise au porteur d'assignats, aura une valeur réelle, égale à la valeur réelle des assignats qu'il aura portés.

A 3

(1) 500 millions retireront 30 milliards.

(8)

Un des inconvéniens de ce projet sera peut-être la baisse nouvelle qu'éprouveront au moment du décret les assignats ; le salut de la patrie dépendra alors de la célérité que l'on mettra dans la fabrication du papier-monnaie.

Je dirai plus bas les moyens que l'on doit employer pour suffire aux besoins les plus pressans ; je présenterai aussi le tableau de quelques lois particulières sur les transactions ordinaires, lois que ce plan de finances doit nécessiter.

Si l'orgueil des potentats de l'Europe retarde encore pour eux & pour nous le moment de la paix, sans doute que nous serons forcés d'émettre plus d'un milliard de papier-monnaie, & peut-être avec le temps ce signe sera-t-il aussi avili que le premier ; mais le mal sera toujours plus éloigné, & si dans une année, ou même dans un moindre délai, le papier-monnaie étoit tombé dans un aussi grand dépérissement, nous aurions recours au même remède, & dussions-nous l'employer vingt fois, nous irions toujours, & nous atteindrions enfin le moment où la France heureuse & tranquille, pouvant mettre de la proportion entre ses dépenses & son revenu réel, trouveroit dans le montant des contributions ordinaires de quoi suffire à tous ses besoins.

S E C O N D   M O Y E N.

Pour donner au gouvernement la force qui lui est nécessaire, & pour fournir à la trésorerie nationale une masse de valeurs réelles telle que le directoire exécutif la réclame dans son message du 14 frimaire au Conseil des Cinq-cents,

Article 1.er La partie de l'imposition qui se payoit en assignats, sera payée en numéraire ; il sera accordé une prime d'un dixième sur cette partie aux contribuables qui l'acquitteront dans le mois.

2. Les droits de timbre, de contrôle, postes & messageries, douanes, &c. seront perçus en numéraire, & envoyés sur-le-champ au trésor public, à la diligence des receveurs, surveillés par les commissaires du directoire exécutif.

3. Les domaines nationaux seront mis en vente, & payés, moitié en numéraire, moitié en papier-monnaie au cours ; les acquéreurs payeront dans le mois le quart du prix de la vente, & le reste en six payemens égaux d'année en année.

Il sera accordé une prime particulière à ceux des acquéreurs qui payeront dans le mois la totalité.

4. Le Corps législatif n'entend point rapporter le décret qui réserve pour un milliard de biens nationaux aux défenseurs de la patrie.

5. Pour subvenir aux besoins pressans de l'état, le gouvernement fera aux magasins nationaux un emprunt du tiers de la contribution payée en nature ; en conséquence, le directoire exécutif est autorisé à faire vendre sur-le-champ & en numéraire, dans toute l'étendue de la république, le tiers de cette contribution, dont le montant sera en-

voyé a Paris dans la décade même de la vente. (1).
Après la création du nouveau papier-monnaié, le
gouvernement fera tenu de remplacer dans les
greniers nationaux le blé qui en aura été retiré
par cet emprunt.

6. Le gouvernement fera tenu de rechercher
févèrement l'emploi des fonds en numéraire, & des
matières d'or & d'argent, foit des églifes ou d'ail-
leurs, qui ont été envoyés pendant long-temps
de tous les coins de la république au tréfor public;
les détententeurs illégaux feront tenus à la refti-
tution & feront punis.

Les articles fuivans demandent quelque expli-
cation :

Dans l'état critique où nous nous trouvons, que
doit faire le corps l'égiflatif ? Il doit fauver, *à quel
prix que ce foit*, la République. Lorfque le vaiffeau
eft menacé, il eft des cas où l'on jete *à la mer
une partie de la cargaifon*, & le propriétaire ne
fe plaint pas. (2) » Il paraît que l'heure des palliatifs
» eft paffée, & que tout ménagement ne fera qu'a-

------

(1) Cet article paraît furprenant, mais il le paraîtra
moins, fi l'on confidère la preffe de nos befoins, & les
grandes reffources que nous aurons dans la fuite pour
pourvoir au remplacement.

(2) Il eft même certain que fi l'on en a la connaif-
fance & le temps, ce ne fera pas la petite quantité
de marchandifes du négociant peu fortuné qui fera choi-
fie, mais l'ordre fera donné de prendre fans réferve
fur les tas de celle du plus opulent.

» croître le danger ; la vérité, la vérité feule dans
» toute fa rudeffe nous offre la dernière planche
» de falut que nous appercevions dans ce moment
» de naufrage, & à fa vue nous attendons que
» l'efpoir va renaître parmi les citoyens. (1)

____

(1) *Meffage du directoire exécutif du 14 frimare.* Il y
eft dit plus bas :

« Nous ne parlons aujourd'hui que de l'état de nos
» finances, parce que nous ne pouvons plus différer,
» parce tous les refforts fe brifent dans nos mains, parce
» que la plus effroyable cataftrophe menace d'engloutir
» la république entière, fi un remède auffi actif que
» puiffant ne fait changer en un moment, pour ainfi
» dire, la face des affaires.

» Nous nous fommes demandés s'il eft un moyen d'évi-
» ter cette cataftrophe terrible, cette fatale diffolution ;
» nous croyons qu'il exifte encore, nous croyons que
» dans peu de jours peut-être il n'exiftera plus.

» Oui, nous croyons à l'abondance des denrées, à
» l'abondance du numéraire ; mais faute de circulation
» des unes & de l'autre, nous nous voyons près de périr
» comme dans la plus affreufe difette & dans la plus
» abfolue néceffité.

» En vain nous avons efpéré une crife falutaire des
» nouveaux plans de finances qui vous ont été préfentés ;
» la lenteur inévitable de ces délibérations majeures,
» l'incertitude fur la jufteffe du réfultat, & l'efficacité
» des mefures n'ont fait qu'aigrir le mal, & les derniè-
» res reffources du tréfor public fe font épuifées, pen-
» dant que nous attendions celles que devait procurer
» le corps légiflatif.

» Vous verrez, citoyens légiflateurs, par les lettres
» ci-jointes des trois miniftres, des finances, de l'intérieur

Cessons de nous regarder comme étrangers les uns les autres ; songeons que nous ne formons qu'un seul tout, qu'un corps, qu'une famille ; ne perdons jamais de vue que l'intérêt général est notre intérêt propre, & que, dussions-nous sacrifier la moitié de notre fortune pour avoir la paix & la liberté, ce sacrifice serait encore peu considérable. Ce ne sont plus des demi-mesures qu'il nous faut prendre ; trop long-temps un système lent & pernicieux nous a traînés vers notre ruine ; je le demande à tout républicain déclaré, sont-ce des demi-mesures que les tyrans prendraient envers nous, s'ils étaient vainqueurs ?.....

Dans les Républiques anciennes, au moment du danger, l'état employoit sans ménagement la fortune des riches propriétaires.

Je suppose qu'il y ait en France dans ce moment 900 millions de numéraire, nous pouvons être assu-

---

» & de la guerre, que nous touchons à notre dernier
» terme, si quelque ressource inattendue ne sort, pour
» ainsi dire, avec la rapidité de l'éclair, du génie de la
» liberté ; si vous ne parvenez à faire entrer sur-le-champ
» dans le trésor national une grande masse de valeurs
» effectives, soit par les moyens que nous alons vous
» proposer, soit par d'autres qui leur soient équivalens. »
A la suite de ce préambule effrayant, le directoire propose au conseil des cinq-cents, comme mesure de salut public, l'emprunt forcé de 600 millions en numéraire décrété.

(13)

rés que le tiers de cette fomme fe trouve entre les mains des citoyens les plus fortunés ; c'eft ce tiers de numéraire qu'il faut atteindre, c'eft ce tiers qui doit nous fauver. La taxe en numéraire que je vais propofer tombera fur un petit nombre d'individus, qui par cela même feront plus aifément contraints au paiement.

Le riche propriétaire ne manquera pas de dire que le numéraire eft rare, & qu'il n'en a pas en main ; mets en vente, lui dira-t-on, quelques arpens de tes vaftes domaines, & tu en trouveras fur-le-champ ; que le marchand qui tiendrait le même langage vende une partie de fa marchandife, & qu'il s'affure ainfi la paifible poffeffion de l'autre ; enfin que l'homme, pour qui la révolution a été une fource de gains immenfes, abandonne pour le maintien de cette révolution une partie des biens qu'elle feule a pu lui donner. En conféquence :

7. Dans chaque département trois millions en numéraire feront impofés, non comme emprunt, mais comme taxe, fur les 1360 plus riches particuliers du département, fuivant la proportion & dans l'ordre qui fuit :

60 individus à	10,000 francs.	600,000 francs.
100 . . . . . . à	6,000 francs.	600,000 francs.
200 . . . , . à	3,000 francs.	600,000 francs.
400 . . . . . à	1,500 francs.	600,000 francs.
600 . . . . . à	1,000 francs.	600,000 francs.
1360		3,000,000 francs.

8. Il n'eft rien innové par l'article précédent au décret d'emprunt forcé de 600 millions établi fur le quart des contribuables, fi ce n'eft que cet emprunt fera payé en numéraire, & non en affignats à cent pour un (1).

. Ceux qui, au moment de la publication du préfent décret, auraient déjà acquitté l'emprunt en affignats, feront en droit de retenir fur la fomme en numéraire qu'ils auront à payer, la valeur réelle & métallique qu'auront eu leurs affignats au moment qu'ils en auront fait le verfement.

9. Les adminiftrations de département feront tenues de veiller à la perception & à l'envoi dans le mois des 3 millions impofés par département.

10. A cet effet elles nommeront chacune dans leur reffort, dix commiffaires probes, actifs & judicieux, qui, répandus dans le département, prendront des renfeignemens auprès 'des adminiftrations de canton, fur la fortune des citoyens. Ces commiffaires feront parvenir ces renfeignemens aux adminiftrations de département, qui ftatueront définitivement, & qui placeront dans les cinq claffes les citoyens défignés pour l'acquittement des 3 milliards.

---

(1) Cet article qui paraît une furtaxe pour le propriétaire, n'en eft pas une, car un citoyen ne peut pas fe dire impofé, lorfqu'il ne fait qu'avancer à l'état une fomme qui doit lui être rendue. Les difficultés de perception feront bien auffi grandes que je l'ai dit plus haut; mais par les moyens que je propofe, l'état ayant d'autres reffources, il y aura moins d'inconvénient à ce que l'emprunt ne foit pas payé entièrement.

11. Les commiſſaires compulſeront les regiſtres des anciens receveurs de diſtrict, & ſur les notes qu'ils y auront priſes, l'adminiſtration de départe-ment mettra, ſelon les circonſtances, au nombre des plus forts impoſés, une partie des acquéreurs des grands domaines nationaux, qui ayant acheté l'an 1.er l'an 2 ou l'an 3 de la république, ont fait leurs payemens long-temps après leur acquiſition, au moment où les aſſignats étaient ſans valeur.

12. Les adminiſtrations de département mettront encore avec plus de ſoin dans les premières claſſes, les employés des adminiſtrations militaires ou au-tres, qui, d'après la notoriété publique, le ſcandale de leurs dépenſes & le luxe nouveau qu'ils auront affecté, ſeront préſumés avoir fait ſur le tréſor pu-blic des gains immenſes.

13. Lorſque les 1360 contribuables ſeront diviſés dans les cinq claſſes, les commiſſaires nommés par le département pourſuivront à toute rigueur la perception de la taxe des trois millions ; à défaut de paiement dans le délai fixé par le département, lequel ne pourra dépaſſer un mois, ils pourſuivront, s'il le faut, envers le débiteur, la contrainte par corps, la ſaiſie réelle, & même la vente de l'immeuble par-devant l'adminiſtration de canton (1).

---

(1) Le corps légiſlatif décidera ſi des moyens pareils doivent être employés pour la perception de l'emprunt, de même que pour le prompt recouvrement des ſommes portées à l'article ſuivant.

14. Provifoirement, indépendamment des mefures détaillées dans les articles précédens, & en attendant la rentrée confidérable des fonds qu'elles promettent au tréfor public, les riches particuliers, les agioteurs, les gros négocians des douze municipalités de Paris, feront tenus de porter dans le délai d'une décade, en numéraire, à la tréforerie nationale, la fomme de 30 millions, départis par le bureau central des douze municipalités de Paris. Les riches propriétaires des villes & des campagnes qui avoifinent Paris, fourniront dans deux décades 20 millions, départis par le miniftre de l'intérieur, fur les renfeignemens pris par fes commiffaires.

Ces deux fommes feront rendues par le tréfor public en numéraire ou en papier-monnaie au cours, après la fabrication du papier-monnaie.

15. Auffi-tôt que l'état des caiffes publiques le permettra, la tréforerie nationale acquittera, en numéraire, les 67 millions de numéraire qu'elle doit dans ce moment; quant aux verfemens d'affignats pour lefquels elle eft encore en retard, elle les opérera comme il fera dit plus bas.

16. Tout poffeffeur d'une fortune de 300,000 francs en numéraire & au-delà fera tenu de céder comme taxe au tréfor public la moitié de tout ce qu'il aura en fus de 300,000 francs. Le propriétaire aura la faculté du choix, dans tous fes biens jufqu'à la concurrence de 300,000 francs en numéraire, plus, la moitié de tout l'excédent : le refte fera vendu au profit de la république.

17. Tout individu, tant qu'il fera en retard pour l'acquittement de la taxe, de l'emprunt, ou même des contributions ordinaires, ne pourra contracter légalement, intenter en juſtice aucune action, recueillir une ſucceſſion, être appelé en témoignage, ni uſer d'aucun des droits de citoyen : la patrie doit méconnaître pour ſes enfans ceux qui dans les momens de danger la méconnaiſſent pour leur mère.

18. Les commiſſaires du directoire exécutif près les adminiſtrations centrales de département & de canton ſont ſpécialement chargés d'aider de tous leurs efforts les commiſſaires particuliers nommés pour la perception des taxes, emprunts ou impôts.

Par ces moyens que le ſalut public commande impérieuſement, une ſubſtance nouvelle va redonner au corps politique toute ſa vigueur, au gouvernement ſa force & ſon énergie ; la tréſorerie nationale ſe trouve pourvue ; la liberté raffermie ; le monde voit reluire des jours plus beaux ; le vaiſſeau de l'état reprend ſa courſe belle & rapide, & la république françaiſe, qu'aucun péril ne peut plus atteindre, force à la paix & au bonheur tous ſes ennemis.

Lois de détail que ce plan de finances néceſſite.

Art. I.er Tout débiteur d'aſſignats, de qui la dette eſt poſtérieure au premier vendémiaire, an quatrième, pourra ſe libérer en aſſignats au pair tant qu'ils auront cours, ou enſuite en papier - monnaie à un pour 100.

Cet article aura ſon effet de particulier à par-

ticulier, de particulier à nation, & de nation à particulier.

2. Le directoire exécutif est chargé de publier
un état de la perte essuyée mois par mois par les
assignats depuis le 1.er janvier 1792 jusqu'au 1.er
vendémiaire, an 4.me. Cet état sera fait sur le
prix moyen des pertes essuyées sur les divers points
de la république : il n'y aura qu'un seul prix pour
chaque mois.

3. Toutes les obligations contractées avant le 1.
janvier 1792, même les lettres de change ou autres
billets particuliers, seront payés en numéraire ou en
papier-monnaie au cours.

4. Tout débiteur de sommes empruntées après
le 1.er janvier 1792, & avant le 1.er vendémiaire,
an 4.e, pourra se libérer, en payant en numéraire ou
en papier-monnaie au cours la valeur réelle & métallique qu'avoit l'assignat au moment de l'engagement ;
ainsi, s'il est reconnu, d'après l'état publié par le
directoire exécutif, que dans le mois germinal, an 3.e,
un louis d'or valoit 200 francs, quiconque à cette
époque aura emprunté 200 francs, pourra se libérer en
payant à son créancier un louis en or, ou la valeur
d'un louis en papier-monnaie.

5. Tous débiteurs de rentes, pensions, traitemens ou
redevances quelconques maintenues par les lois, seront
tenus de les acquitter à leur échéance d'après les
mêmes régles de proportion.

Cet article aura lieu de la part de la nation envers ses employés civils, ses pensionnaires & ses créanciers.

6. Le directoire est chargé de présenter au corps législatif un tableau d'amélioration pour le paiement des troupes de la république.

7. Les règles de proportion portées dans les articles 3 & 4 auront lieu pour les paiemens ou remboursemens déjà opérés, à quel titre que ce puisse être, déduction faite de la valeur réelle ou métallique qui aura été comptée à l'époque du remboursement ; ainsi un débiteur d'une somme de 1000 francs due depuis les années 1789 ou 1790, qui aura payé son créancier l'an troisième, dans un temps où 1000 francs d'assignats ne valaient, en numéraire, que 24 francs, sera tenu de payer à son créancier 1000 francs en numéraire, ou la valeur en papier-monnaie, moins la somme réelle de 24 francs, qu'il a déjà comptée.

Je laisse au corps législatif le soin d'examiner s'il ne conviendrait pas d'exiger de ces sortes de débiteurs seulement la moitié de la somme qu'ils devraient encore à leur créancier.

8. Toute consignation légalement opérée, doit rester pour le compte du créancier.

9. L'article 7 aura lieu de la part de la nation à l'égard des acquéreurs de ses biens ; ainsi un acquéreur d'un bien acheté en 1792, 30,000 francs, somme qui, en numéraire valait alors 20,000 francs, & qui aura opéré ses plus forts paiemens,

l'an troisième de la république dans un temps où le louis étoit à 1000 francs, sera tenu de payer d'après l'échelle proportionnelle, tout ce qu'il devra au tréfor public, en fus des fommes qu'il aura déjà comptées, & jufqu'à la concurrence de 20,000 francs (1).

10. Cette fomme excédente fera payée en numéraire ou en papier-monnaie au cours, en trois paiemens égaux, chaque premier des années 5, 6 & 7 de la république.

11. Il fera accordé une prime particulière aux débiteurs de ces fommes, qui fe libéreront en entier dans le premier mois.

12. Les engagemens pris pour baux à ferme, baux à loyer, ou autres de la même efpèce, feront acquittés fuivant les règles des articles 3 & 4 du préfent déçret.

13. Les fommes dotales reçues avant le 1.er janvier 1792, les portions légitimaires & les autres créances de cette nature, feront fixées fur la valeur métallique des biens fur lefquels ces fommes hypothécaires font établies ; les détenteurs feront tenus de fe libérer au choix du créancier, en numéraire, en papier-monnaie au cours, ou en biens-fonds.

------

(1) Il eft inutile de dire que que fi cet article eft adopté, l'article 11 du fecond moyen de reftauration des finances ne doit pas avoir lieu.

14. Les fommes dotales ou autres reçues par contrat de mariage en affignats , depuis le 1.er janvier 1792 , & avant le 1.er vendémiaire an 4.eme, feront payées d'après l'échelle de proportion.

15. En vertu des articles précédens , les lois des 25 meffidor an 3.eme & 12 frimaire an 4.eme , portant fufpenfion de rembourfemens font rapportées.

La convention nationale , dans fon décret du 14 fructidor, an 3.eme , en rejetant pour l'avenir toute demande en refcifion de contrat de vente pour caufe de léfion d'outre-moitié , n'a fait que fufpendre la même action pour les ventes faites avant fon décret ; fon intention a été de faire ceffer les demandes injuftes que pouvoit former la mauvaife foi à la faveur du défordre qui a régné long-temps dans nos finances, mais aujourd'hui fi cette caufe n'exifte plus, la même échelle de proportion facilite les moyens de faire ceffer cette fufpenfion , & d'établir d'une manière ftable les droits que les léfés peuvent réclamer.

16. Dans toute demande en refcifion de contrat de vente faite avant le 14 fructidor, an 3.eme (pour caufe de léfion d'outre-moitié), les experts nommés pour l'eftimation de l'objet vendu régleront les droits de chacun, d'après les règles de proportion portées dans les articles 3 & 4 précédens (1).

---

(1) Le corps légiflatif examinera s'il ne ferait pas à propos que dans des temps moins orageux la nation

17. L'acquéreur aura la faculté d'abandonner au vendeur l'objet vendu, & de retirer en numéraire ou en papier-monnaie au cours la valeur réelle qu'il aura comptée.

18. Pour mettre quelque stabilité dans les transactions ordinaires, il sera tenu note à l'avenir, mois par mois, par le directoire exécutif, de la perte qu'aura essuyée le papier-monnaie ; le directoire publiera chaque premier du mois le terme moyen de la perte essuyée dans tout le mois précédent.

19. Tout individu qui à l'avenir contractera des obligations particulières, pourra se libérer en tout temps, en comptant en numéraire, ou en papier-monnaie au cours, la valeur métallique qu'aura eue le papier-monnaie au moment qu'il l'aura reçu.

---

usât du même droit à l'égard de la plupart des ventes des biens nationaux ; quant à moi, je croirais que sous un gouvernement libre & généreux, l'état devroit se contenter d'exiger des acquéreurs dans un cas pareil, la moitié de ce qu'un particulier auroit exigé ; ainsi l'acquéreur d'un domaine valant évidemment en numéraire 40,000 francs, & qui même, d'après les dispositions des articles 7 & 9, ne l'aurait payé que 19,000 francs, seroit tenu de donner de plus, non 21,000 francs, mais 10,500 francs ; il faudroit même alors accorder aux acquéreurs un délai moral pour ce surplus de paiement, ainsi qu'il est dit à l'article 10.

J'ai préfenté mes idées, précipitamment, peut-être même fans ordre & fans fuite ; puiffent-elles donner lieu à des fpéculations plus exactes ! puiffent-elles fervir de bafe à un plan mieux combiné, qui affure notre bonheur !

Si cet effai n'étoit qu'une erreur, mon amour connu pour la liberté l'aurait feul produite.

ROBERT jeune, 1.re f.on n.º 54.

Touloufe, le 5 nivôfe, an 4.e de la république françaife, une & indivifible.

Envoyé le même jour à la commiffion des finances.

www.ingramcontent.com/pod-product-compliance
Lightning Source LLC
LaVergne TN
LVHW050326030726
842520LV00005B/1788